그림으로 암기하는 명리 용어

저자 전민식 / 그림 양은경·전지혜

좋은땅

그림으로
암기하는
명리 용어

ⓒ 전민식. 2025

_____

초판 1쇄 발행 2025년 3월 4일

저자 | 전민식
그림 | 양은경·전지혜
편집·디자인 | 조예진

펴낸이 | 이기봉
펴낸곳 | 도서출판 좋은땅
주소 | 서울특별시 마포구 양화로12길 26 지월드빌딩(서교동 395-7)
전화 | 02)374-8616~7
팩스 | 02)374-8614
이메일 | gworldbook@naver.com
홈페이지 | www.g-world.co.kr

ISBN | 979-11-388-4016-3 (03180)

이 책은 처음 동양학을 접하면서 생소한 단어로 인해 어려움을 겪고 있는 분들에게 조금이나마 도움을 드리기 위해 만들었다.

필자가 주역과 명리학 공부에 첫발을 들여놓았을 때 어려운 용어들과 64괘, 60갑자, 12운성, 여러 종류의 신살 등을 무조건 암기해야 하는 것에 상당한 부담감을 느꼈었다. 또한 기본적인 용어를 암기해야 다음 단계로 나아갈 수 있었기 때문에 많은 시간과 노력을 기울일 수밖에 없었다. 이러한 일은 비단 필자뿐만 아니라 동양학을 처음 배우는 분들의 공통된 하소연이라 하겠다.

학문의 깊이가 더해가면서 필자는 무조건 외우는 방식이 아닌 짧은 시간 안에 쉽게 이해하고 암기하는 방법을 연구하게 되었다.

복잡하고 어려운 용어의 이해와 암기 부분이 해결되면 기존에 공부했던 분들뿐만 아니라 처음 공부를 시작하는 분들의 학문적 발전과 성취에 도움이 될 것이라는 확신으로 정진해 왔다.

오랜 시간과 노력 끝에 필자는 누구나 쉽게 이해하고 편리하게 암기하는 방법을 만들게 되었다. 또 인간의 운명을 예측하는 도구인 여러 종류의 신살 및 12운성 등에 숨어있는 규칙을 발견하게 되었다. 이를 바탕으로 쉽게 접근할 수 있는 그림과 4각도를 통해 완벽한 암기법을 완성하게 되었다.

필자가 개발한 암기법을 통해 사람들은 단기간에 지식을 습득하게 되었고, 많은 분들이 이러한 공부법을 공유할 것을 요청해 오면서 이렇게 저서를 통해 세상에 내어놓게 되었다.

본 저서인 '그림으로 암기하는 명리 용어'의 구성을 간단하게 살펴보면, 명리, 관상, 주역에서 암기해야 할 사항 등의 기본 표와 함께 쉽게 암기할 수 있는 암기법에 대한 그림과 4각도로 구성되어 있다.

한 가지 말씀드릴 것은 그림으로 암기하는 과정에서 그림의 답안지가 따로 있지만 답안지를 통해 독학으로 연습했을 경우 잘못 학습될 수 있어 강의를 통해서 이해한 후 독학으로 공부하는 것을 권장하므로 별도의 답안지를 책자에 넣지 않았다. 이점에 대하여 독자분들께 양해와 이해를 부탁드린다.

끝으로 저와 함께 이 책을 낼 수 있게 도와주신 모든 분들과 암기장의 그림을 작업해주신 양은경, 전지혜 선생님과 책의 편집 및 디자인을 해주신 조예진 선생님께 깊은 감사의 마음을 드린다.

2025년 3월 4일

전민식

※ 암기법에 대한 강의 문의는 메일(aids2020@naver.com)로 연락 주시면 최대한 빠르게 답변드리겠습니다.

차례

V. 관상에서 알아야 할 사항

VI. 그림 목록

1. 낱말 생성 구조(모음과 자음)

고	노	도	로	모	보	소	오	조
10	20	30	40	50	60	70	80	90

ㄱ	ㄴ	ㄷ(ㅌ)	ㄹ	ㅁ	ㅂ	ㅅ	ㅇ	ㅈ	ㅊ
1	2	3	4	5	6	7	8	9	0

▶ 낱말 만들기 예시

첫 글자의 모음과 자음으로 구성되어 연결되지만, 첫 글자의 받침과 낱말 연결이
안 될 때는 뒷글자 바로 뒤 자음을 연결하여 구성하였음.

[예시]

10. 고 + ㅊ(10 + 0) = 고추잠자리

21. 노 + ㄱ(20 + 1) = 녹즙기

32. 도 + ㄴ(30 + 2) = 돈가스

43. 로 + ㄷ(40 + 3) = 로드자전거

44. 로 + ㄹ(40 + 4) = 롤러스케이트

54. 모 + ㄹ(50 + 4) = 모래시계

65. 보 + ㅁ(60 + 5) = 보물섬

76. 소 + ㅂ(70 + 6) = 소방관

87. 오 + ㅅ(80 + 7) = 옷장

98. 조 + ㅇ(90 + 8) = 종이비행기

99. 조 + ㅈ(90 + 9) = 조종경기

2. 낱말 번호

0	0시 축제	20	노천탕	40	리치	60	보청기	80	우체통
1	십원빵	21	녹즙기	41	럭비	61	복싱	81	옥수수
2	이빨	22	논산훈련소	42	런닝머신	62	본드	82	온풍기
3	삼시세끼	23	노다지	43	로드자전거	63	보드게임	83	오뎅탕
4	사자	24	노루	44	롤러스케이트	64	볼링	84	오렌지
5	오이	25	노면	45	로마	65	보물섬	85	오미자
6	육개장	26	노블랜드	46	로봇청소기	66	보부상	86	우비
7	칠면조 요리	27	노새	47	로스구이	67	보스턴백	87	옷장
8	팔랑개비	28	농구	48	롱다리	68	보온도시락	88	오아시스
9	구두샵	29	노지귤	49	로즈마리	69	보자기	89	오징어
10	고추잠자리	30	돛단배	50	모차르트	70	소총	90	조청
11	고구마	31	독서실	51	목도리	71	소금	91	족발
12	곤드레 밥	32	돈가스	52	모니터	72	손 없는 날	92	존경
13	고드름	33	돋보기	53	모던하우스	73	솥뚜껑	93	주당클럽
14	골프	34	돌다리	54	모래시계	74	솔방울	94	졸업
15	곰	35	돔	55	몸배바지	75	솜사탕	95	조명
16	곱창	36	도배	56	모범택시	76	소방관	96	좁쌀영감
17	고속터미널	37	돗자리	57	못 박기	77	소시지	97	조산원
18	공	38	동물농장	58	몽구스	78	송아지	98	종이비행기
19	곶감	39	도자기전	59	모자걸이	79	소주	99	조종경기

※ (참고) 모음 '오(ㅗ)'로 된 낱말과 받침의 적용이 어려워 쉬운 모음으로 바꾼 경우임.
40.리치, 41.럭비, 42.런닝머신, 80.우체통, 86.우비, 93.주당클럽

1. 10천간과 12지지

천간	甲	乙	丙	丁	戊	己	庚	辛	壬	癸		
지지	子	丑	寅	卯	辰	巳	午	未	申	酉	戌	亥

2. 10천간과 12지지 오행

오행	목	화	토	금	수
천간	甲乙	丙丁	戊己	庚辛	壬癸
지지	寅卯	巳午	辰未戌丑	申酉	亥子

3. 12지지의 4계절표

오행	목	화	토	금	수
천간	甲乙	丙丁	戊己	庚辛	壬癸
지지	寅卯	巳午	辰未戌丑	申酉	亥子
계절	봄	여름	간절기	가을	겨울

▶ **辰未戌丑는 간절기에 속하는 토(土)**

- 辰은 봄(土)에 해당하고, **봄**과 **여름**을 연결하는 토(土)이다.
- **未**는 여름(土)에 해당하고, **여름**과 **가을**을 연결하는 토(土)이다.
- **戌**은 가을(土)에 해당하고, **가을**에서 **겨울**을 연결하는 토(土)이다.
- **丑**은 겨울(土)에 해당하고, **겨울**에서 **봄**을 연결하는 토(土)이다.

4. 60갑자(六十甲子) - 正

1	갑자 (甲子)	11	갑술 (甲戌)	21	갑신 (甲申)	31	갑오 (甲午)	41	갑진 (甲辰)	51	갑인 (甲寅)
2	을축 (乙丑)	12	을해 (乙亥)	22	을유 (乙酉)	32	을미 (乙未)	42	을사 (乙巳)	52	을묘 (乙卯)
3	병인 (丙寅)	13	병자 (丙子)	23	병술 (丙戌)	33	병신 (丙申)	43	병오 (丙午)	53	병진 (丙辰)
4	정묘 (丁卯)	14	정축 (丁丑)	24	정해 (丁亥)	34	정유 (丁酉)	44	정미 (丁未)	54	정사 (丁巳)
5	무진 (戊辰)	15	무인 (戊寅)	25	무자 (戊子)	35	무술 (戊戌)	45	무신 (戊申)	55	무오 (戊午)
6	기사 (己巳)	16	기묘 (己卯)	26	기축 (己丑)	36	기해 (己亥)	46	기유 (己酉)	56	기미 (己未)
7	경오 (庚午)	17	경진 (庚辰)	27	경인 (庚寅)	37	경자 (庚子)	47	경술 (庚戌)	57	경신 (庚申)
8	신미 (辛未)	18	신사 (辛巳)	28	신묘 (辛卯)	38	신축 (辛丑)	48	신해 (辛亥)	58	신유 (辛酉)
9	임신 (壬申)	19	임오 (壬午)	29	임진 (壬辰)	39	임인 (壬寅)	49	임자 (壬子)	59	임술 (壬戌)
10	계유 (癸酉)	20	계미 (癸未)	30	계사 (癸巳)	40	계묘 (癸卯)	50	계축 (癸丑)	60	계해 (癸亥)

5. 60갑자(六十甲子) - 편리

1	신축 (辛丑)	11	신해 (辛亥)	21	신유 (辛酉)	31	신미 (辛未)	41	신사 (辛巳)	51	신묘 (辛卯)
2	임인 (壬寅)	12	임자 (壬子)	22	임술 (壬戌)	32	임신 (壬申)	42	임오 (壬午)	52	임진 (壬辰)
3	계묘 (癸卯)	13	계축 (癸丑)	23	계해 (癸亥)	33	계유 (癸酉)	43	계미 (癸未)	53	계사 (癸巳)
4	갑진 (甲辰)	14	갑인 (甲寅)	24	갑자 (甲子)	34	갑술 (甲戌)	44	갑신 (甲申)	54	갑오 (甲午)
5	을사 (乙巳)	15	을묘 (乙卯)	25	을축 (乙丑)	35	을해 (乙亥)	45	을유 (乙酉)	55	을미 (乙未)
6	병오 (丙午)	16	병진 (丙辰)	26	병인 (丙寅)	36	병자 (丙子)	46	병술 (丙戌)	56	병신 (丙申)
7	정미 (丁未)	17	정사 (丁巳)	27	정묘 (丁卯)	37	정축 (丁丑)	47	정해 (丁亥)	57	정유 (丁酉)
8	무신 (戊申)	18	무오 (戊午)	28	무진 (戊辰)	38	무인 (戊寅)	48	무자 (戊子)	58	무술 (戊戌)
9	기유 (己酉)	19	기미 (己未)	29	기사 (己巳)	39	기묘 (己卯)	49	기축 (己丑)	59	기해 (己亥)
10	경술 (庚戌)	20	경신 (庚申)	30	경오 (庚午)	40	경진 (庚辰)	50	경인 (庚寅)	60	경자 (庚子)

6. 12운성(十二運星)

운성＼일간	甲	乙	丙	丁	戊	己	庚	辛	壬	癸
1	장생 (長生)	亥	午	寅	酉	寅	酉	巳	子	申	卯
2	목욕 (沐浴)	子	巳	卯	申	卯	申	午	亥	酉	寅
3	관대 (冠帶)	丑	辰	辰	未	辰	未	未	戌	戌	丑
4	건록 (建祿)	寅	卯	巳	午	巳	午	申	酉	亥	子
5	제왕 (帝旺)	卯	寅	午	巳	午	巳	酉	申	子	亥
6	쇠 (衰)	辰	丑	未	辰	未	辰	戌	未	丑	戌
7	병 (病)	巳	子	申	卯	申	卯	亥	午	寅	酉
8	사 (死)	午	亥	酉	寅	酉	寅	子	巳	卯	申
9	묘 (墓)	未	戌	戌	丑	戌	丑	丑	辰	辰	未
10	절 (絶)	申	酉	亥	子	亥	子	寅	卯	巳	午
11	태 (胎)	酉	申	子	亥	子	亥	卯	寅	午	巳
12	양 (養)	戌	未	丑	戌	丑	戌	辰	丑	未	辰

7. 12신살표(十二神殺表)

12신살	삼합(三合)	申子辰	亥卯未	寅午戌	巳酉丑
1	지살(地煞)	申	亥	寅	巳
2	도화(桃花)	酉	子	卯	午
3	월살(月殺)	戌	丑	辰	未
4	망신(亡身)	亥	寅	巳	申
5	장성(將星)	子	卯	午	酉
6	반안(攀鞍)	丑	辰	未	戌
7	역마(驛馬)	寅	巳	申	亥
8	육해(六害)	卯	午	酉	子
9	화개(華蓋)	辰	未	戌	丑
10	겁살(劫煞)	巳	申	亥	寅
11	재살(災煞)	午	酉	子	卯
12	천살(天煞)	未	戌	丑	辰

8. 공망(空亡) = 천중살(天中殺)

甲子	乙丑	丙寅	丁卯	戊辰	己巳	庚午	辛未	壬申	癸酉	戌亥 空亡
甲戌	乙亥	丙子	丁丑	戊寅	己卯	庚辰	辛巳	壬午	癸未	申酉 空亡
甲申	乙酉	丙戌	丁亥	戊子	己丑	庚寅	辛卯	壬辰	癸巳	午未 空亡
甲午	乙未	丙申	丁酉	戊戌	己亥	庚子	辛丑	壬寅	癸卯	辰巳 空亡
甲辰	乙巳	丙午	丁未	戊申	己酉	庚戌	辛亥	壬子	癸丑	寅卯 空亡
甲寅	乙卯	丙辰	丁巳	戊午	己未	庚申	辛酉	壬戌	癸亥	子丑 空亡

9. 백호대살(白虎大殺)

해당 간지	戊辰	丁丑	丙戌	乙未	甲辰	癸丑	壬戌

10. 괴강살(魁罡殺)

해당 간지	庚戌	壬戌	戊辰	庚辰	壬辰	戊戌

11. 천의성(天醫星)

월지	子	丑	寅	卯	辰	巳	午	未	申	酉	戌	亥
지지	亥	子	丑	寅	卯	辰	巳	午	未	申	酉	戌

12. 귀문관살(鬼門關殺)

지지 조합	辰 亥	子 酉	未 寅
	巳 戌	午 丑	卯 申

13. 원진살(怨嗔殺)

지지 조합	子　未	丑　午	寅　酉
	卯　申	辰　亥	巳　戌

14. 양인살(羊刃殺) : 양간에만 적용(12운성으로 제왕에 해당)

해당 간지	丙 午	戊 午	壬 子

15. 삼재(三災) 삼합의 다음 계절 3글자

삼합	해당 연도		
	들삼재	눌삼재	날삼재
巳酉丑	亥	子	丑
申子辰	寅	卯	辰
亥卯未	巳	午	未
寅午戌	申	酉	戌

16. 파살(破殺)

지지 조합	子 酉	丑 辰	寅 亥	午 卯	巳 申	戌 未

17. 해살(害殺)

지지 조합	子 未	丑 午	寅 巳	卯 辰	申 亥	酉 戌

18. 천을귀인(天乙貴人)

일간	甲戊庚	乙己	丙丁	辛	壬癸
지지	丑 未	申 子	酉 亥	寅 午	卯 巳

19.문창성(文昌星)

일간	甲	乙	丙·戊	丁·己	庚	辛	壬	癸
지지	巳	午	申	酉	亥	子	寅	卯

20. 금여성(金轝星)

일간	甲	乙	丙·戊	丁·己	庚	辛	壬	癸
지지	辰	巳	未	申	戌	亥	丑	寅

21. 지장간(地藏干)

지장간		子	丑	寅	卯	辰	巳	午	未	申	酉	戌	亥
	여기 (餘氣)	壬	癸	戊	甲	乙	戊	丙	丁	戊	庚	辛	戊
	중기 (中氣)		辛	丙		癸	庚	己	乙	壬		丁	甲
	정기 (正氣)	癸	己	甲	乙	戊	丙	丁	己	庚	辛	戊	壬

22. 합충(合沖)

(1) 천간합(天干合)

천간	甲 己	乙 庚	丙 辛	丁 壬	戊 癸
합한 오행	土	金	水	木	火

(2) 천간충(天干沖)

甲 庚	乙 辛	丙 壬	丁 癸

(3) 지지충(地支沖)

子 午	丑 未	寅 申	卯 酉	辰 戌	巳 亥

(4)지지삼합(地支三合)

해당 글자	亥卯未	寅午戌	巳酉丑	申子辰
국(局)	木	火	金	水

(5) 지지방합(地支方合)

해당 글자	寅卯辰	巳午未	申酉戌	亥子丑
국(局)	木	火	金	水
방위	동	남	서	북

(6) 지지육합(地支六合)

지지	子 丑	寅 亥	卯 戌	辰 酉	巳 申	午 未
합한 오행	土	木	火	金	水	火

23. 상문살(喪門殺)

일지	寅	卯	辰	巳	午	未	申	酉	戌	亥	子	丑
상문	子	丑	寅	卯	辰	巳	午	未	申	酉	戌	亥

24. 조객살(弔客殺)

일지	寅	卯	辰	巳	午	未	申	酉	戌	亥	子	丑
조객	辰	巳	午	未	申	酉	戌	亥	子	丑	寅	卯

25. 납음오행(納音五行) - 正

	水없음	오행 있음	金없음	水없음	오행 있음	金없음
천간	甲子(沐) 乙丑(衰)	甲戌(養) 乙亥(死)	甲申(絶) 乙酉(絶)	甲午(死) 乙未(養)	甲辰(衰) 乙巳(沐)	甲寅(建) 乙卯(建)
납음	해중금[사] 海中金[死]	산두화[묘] 山頭火[墓]	천중수[생] 泉中水[生]	사중금[욕] 沙中金[浴]	복등화[대] 覆燈火[帶]	대계수[병] 大溪水[病]
천간	丙寅(長) 丁卯(病)	丙子(胎) 丁丑(墓)	丙戌(墓) 丁亥(胎)	丙申(病) 丁酉(長)	丙午(帝) 丁未(冠)	丙辰(冠) 丁巳(帝)
납음	노중화[생] 爐中火[生]	간하수[왕] 澗下水[旺]	옥상토[묘] 屋上土[墓]	산하화[병] 山下火[病]	천하수[태] 天河水[胎]	사중토[대] 沙中土[帶]
천간	戊辰(冠) 己巳(帝)	戊寅(長) 己卯(病)	戊子(胎) 己丑(墓)	戊戌(墓) 己亥(胎)	戊申(病) 己酉(長)	戊午(帝) 己未(冠)
납음	대림목[쇠] 大林木[衰]	성두토[생] 城頭土[生]	벽력화[태] 霹靂火[胎]	평지목[양] 平地木[養]	대역토[병] 大驛土[病]	천상화[왕] 天上火[旺]
천간	庚午(沐) 辛未(衰)	庚辰(養) 辛巳(死)	庚寅(絶) 辛卯(絶)	庚子(死) 辛丑(養)	庚戌(衰) 辛亥(沐)	庚申(建) 辛酉(建)
납음	노방토[왕] 路傍土[旺]	백랍금[양] 白蠟金[養]	송백목[녹] 松柏木[祿]	벽상토[태] 壁上土[胎]	차천금[쇠] 釵釧金[衰]	석류목[절] 石榴木[絶]
천간	壬申(長) 癸酉(病)	壬午(胎) 癸未(墓)	壬辰(墓) 癸巳(胎)	壬寅(病) 癸卯(長)	壬子(帝) 癸丑(冠)	壬戌(冠) 癸亥(帝)
납음	검봉금[녹] 劍鋒金[祿]	양류목[사] 楊柳木[死]	장류수[묘] 長流水[墓]	금박금[절] 金箔金[絶]	상자목[욕] 桑自木[浴]	대해수[대] 大海水[帶]
공망	戌亥	申酉	午未	辰巳	寅卯	子丑

26. 납음오행(納音五行) - 편리

1	신축(辛丑)	벽상토 壁上土	21	신유(辛酉)	석류목 石榴木	41	신사(辛巳)	백랍금 白蠟金
2	임인(壬寅)	금박금 金箔金	22	임술(壬戌)	대해수 大海水	42	임오(壬午)	양류목 楊柳木
3	계묘(癸卯)		23	계해(癸亥)		43	계미(癸未)	
4	갑진(甲辰)	복등화 覆燈火	24	갑자(甲子)	해중금 海中金	44	갑신(甲申)	천중수 泉中水
5	을사(乙巳)		25	을축(乙丑)		45	을유(乙酉)	
6	병오(丙午)	천하수 天河水	26	병인(丙寅)	노중화 爐中火	46	병술(丙戌)	옥상토 屋上土
7	정미(丁未)		27	정묘(丁卯)		47	정해(丁亥)	
8	무신(戊申)	대역토 大驛土	28	무진(戊辰)	대림목 大林木	48	무자(戊子)	벽력화 霹靂火
9	기유(己酉)		29	기사(己巳)		49	기축(己丑)	
10	경술(庚戌)	차천금 釵釧金	30	경오(庚午)	노방토 路傍土	50	경인(庚寅)	송백목 松柏木
11	신해(辛亥)		31	신미(辛未)		51	신묘(辛卯)	
12	임자(壬子)	상자목 桑自木	32	임신(壬申)	검봉금 劍鋒金	52	임진(壬辰)	장류수 長流水
13	계축(癸丑)		33	계유(癸酉)		53	계사(癸巳)	
14	갑인(甲寅)	대계수 大溪水	34	갑술(甲戌)	산두화 山頭火	54	갑오(甲午)	사중금 沙中金
15	을묘(乙卯)		35	을해(乙亥)		55	을미(乙未)	
16	병진(丙辰)	사중토 沙中土	36	병자(丙子)	간하수 澗下水	56	병신(丙申)	산하화 山下火]
17	정사(丁巳)		37	정축(丁丑)		57	정유(丁酉)	
18	무오(戊午)	천상화 天上火	38	무인(戊寅)	성두토 城頭土	58	무술(戊戌)	평지목 平地木[養]
19	기미(己未)		39	기묘(己卯)		59	기해(己亥)	
20	경신(庚申)	석류목 石榴木	40	경진(庚辰)	백랍금 白蠟金	60	경자(庚子)	벽상토 壁上土

Ⅲ. 주역에서 알아야 할 사항

1. 하도·낙서

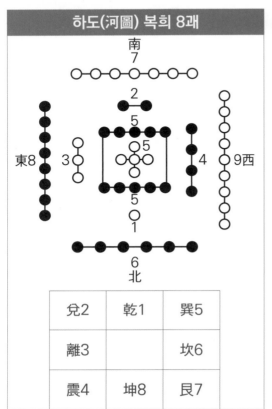

하도(河圖) 복희 8괘

兌2	乾1	巽5
離3		坎6
震4	坤8	艮7

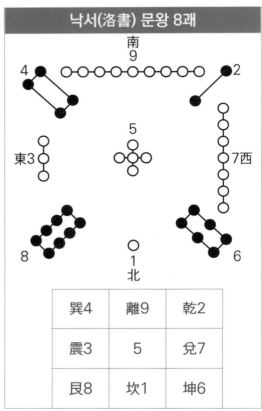

낙서(洛書) 문왕 8괘

巽4	離9	乾2
震3	5	兌7
艮8	坎1	坤6

2. 구성과 후천팔괘 배치표

4(巽) 사록목성	9(離) 구자화성	2(巽) 이흙토성
3(震) 삼벽목성	5(中) 중궁 오황토성	7(兌) 칠적금성
8(艮) 팔백토성	1(坎) 일백수성	6(乾) 육백금성

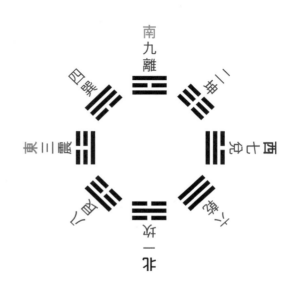

3. 팔괘(八卦) 생성도

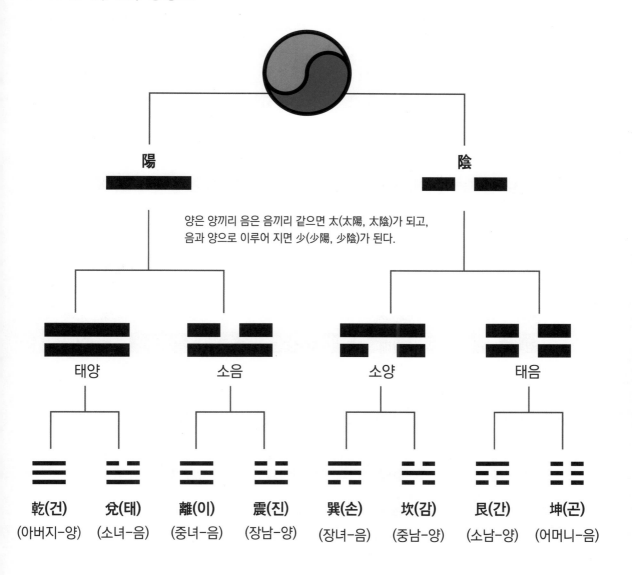

陽

陰

양은 양끼리 음은 음끼리 같으면 太(太陽, 太陰)가 되고,
음과 양으로 이루어 지면 少(少陽, 少陰)가 된다.

태양   소음   소양   태음

乾(건)   兌(태)   離(이)   震(진)   巽(손)   坎(감)   艮(간)   坤(곤)
(아버지-양)   (소녀-음)   (중녀-음)   (장남-양)   (장녀-음)   (중남-양)   (소남-양)   (어머니-음)

- 太陽에서 양이(―)생성되어 乾괘가 된다.
- 太陽에서 음이(― ―) 생성되어 兌괘가 된다.
- 少陰에서 양이(―)생성되어 離괘가 된다.
- 少陰에서 음이(― ―) 생성되어 震괘가 된다.
- 少陽에서 양이(―)생성되어 巽괘가 된다.
- 少陽에서 음이(― ―) 생성되어 坎괘가 된다.
- 太陰에서 양이(―)생성되어 艮괘가 된다.
- 太陰에서 음이(― ―) 생성되어 坤괘가 된다.

4. 64괘(64卦) 순서

1	2	3	4	5	6	7	8	9	10
중천건 重天乾	중지곤 重地坤	수뢰둔 水雷屯	산수몽 山水蒙	수천수 水天需	천수송 天水訟	지수사 地水師	수지비 水地比	풍천소축 風天小畜	천택리 天澤履
11	12	13	14	15	16	17	18	19	20
지천태 地天泰	천지비 天地否	천화동인 天火同人	화천대유 火天大有	지산겸 地山謙	뇌지예 雷地豫	택뢰수 澤雷隨	산풍고 山風蠱	지택림 地澤臨	풍지관 風地觀
21	22	23	24	25	26	27	28	29	30
화뢰서합 火雷噬嗑	산화비 山火賁	산지박 山地剝	지뢰복 地雷復	천뢰무망 天雷无妄	산천대축 山天大畜	산뢰이 山雷頤	택풍대과 澤風大過	중수감 重水坎	중화리 重火離
31	32	33	34	35	36	37	38	39	40
택산함 澤山咸	뇌풍항 雷風恒	천산돈 天山遯	뇌천대장 雷天大壯	화지진 火地晉	지화명이 地火明夷	풍화가인 風火家人	화택규 火澤睽	수산건 水山蹇	뇌수해 雷水解
41	42	43	44	45	46	47	48	49	50
산택손 山澤損	풍뢰익 風雷益	택천쾌 澤天夬	천풍구 天風姤	택지췌 澤地萃	지풍승 地風升	택수곤 澤水困	수풍정 水風井	택화혁 澤火革	화풍정 火風鼎
51	52	53	54	55	56	57	58	59	60
중뢰진 重雷震	중산간 重山艮	풍산점 風山漸	뇌택귀매 雷澤歸妹	뇌화풍 雷火豊	화산려 火山旅	중풍손 重風巽	중택태 重澤兌	풍수환 風水渙	수택절 水澤節
61	62	63	64						
풍택중부 風澤中孚	뇌산소과 雷山小過	수화기제 水火旣濟	화수미제 火水未濟						

[4글자]

9. 풍천소축(風天小畜)　13. 천화동인(天火同人)　14. 화천대유(火天大有)
21. 화뢰서합(火雷噬嗑)　25. 천뢰무망(天雷无妄)　26. 산천대축(山天大畜)
28. 택풍대과(澤風大過)　34. 뇌천대장(雷天大壯)　36. 지화명이(地火明夷)
37. 풍화가인(風火家人)　54. 뇌택귀매(雷澤歸妹)　61. 풍택중부(風澤中孚)
62. 뇌산소과(雷山小過)　63. 수화기제(水火旣濟)　64. 화수미제(火水未濟)

5. 64괘(64卦) 8궁 소속궁

소 속 궁	건궁 乾宮 (金)	태궁 兌宮 (金)	이궁 離宮 (火)	진궁 震宮 (木)	손궁 巽宮 (木)	감궁 坎宮 (水)	간궁 艮宮 (土)	곤궁 坤宮 (土)
1	중천건 重天乾	중택태 重澤兌	중화리 重火離	중뢰진 重雷震	중풍손 重風巽	중수감 重水坎	중산간 重山艮	중지곤 重地坤
2	천풍구 天風姤	택수곤 澤水困	화산려 火山旅	뇌지예 雷地豫	풍천소축 風天小畜	수택절 水澤節	산화비 山火賁	지뢰복 地雷復
3	천산돈 天山遯	택지췌 澤地萃	화풍정 火風鼎	뇌수해 雷水解	풍화가인 風火家人	수뢰둔 水雷屯	산천대축 山天大畜	지택림 地澤臨
4	천지비 天地否	택산함 澤山咸	화수미제 火水未濟	뇌풍항 雷風恒	풍뢰익 風雷益	수화기제 水火既濟	산택손 山澤損	지천태 地天泰
5	풍지관 風地觀	수산건 水山蹇	산수몽 山水蒙	지풍승 地風升	천뢰무망 天雷无妄	택화혁 澤火革	화택규 火澤睽	뇌천대장 雷天大壯
6	산지박 山地剝	지산겸 地山謙	풍수환 風水渙	수풍정 水風井	화뢰서합 火雷噬嗑	뇌화풍 雷火豊	천택리 天澤履	택천쾌 澤天夬
7	화지진 火地晉	뇌산소과 雷山小過	천수송 天水訟	택풍대과 澤風大過	산뢰이 山雷頤	지화명이 地火明夷	풍택중부 風澤中孚	수천수 水天需
8	화천대유 火天大有	뇌택귀매 雷澤歸妹	천화동인 天火同人	택뢰수 澤雷隨	산풍고 山風蠱	지수사 地水師	풍산점 風山漸	수지비 水地比

1.동사택과 서사택

동사택 東四宅	감(坎) 壬子癸	진(震) 甲卯乙	손(巽) 辰巽巳	이(離) 丙午丁
서사택 西四宅	건(乾) 戌乾亥	곤(坤) 未坤申	간(艮) 丑艮寅	태(兌) 庚酉辛

2. 각 방위별 가택구성법 조건표(기두방위 : 주 출입문 방위)

기두방위 배치방위	乾 戌乾亥	兌 庚酉辛	離 丙午丁	震 甲卯乙	巽 辰巽巳	坎 壬子癸	艮 丑艮寅	坤 未坤申
1 乾 戌乾亥	보필 輔弼	생기 生氣	절명 絶命	오귀 五鬼	화해 禍害	육살 六殺	천을 天乙	연년 延年
2 兌 庚酉辛	생기 生氣	보필 輔弼	오귀 五鬼	절명 絶命	육살 六殺	화해 禍害	연년 延年	천을 天乙
3 離 丙午丁	절명 絶命	오귀 五鬼	보필 輔弼	생기 生氣	천을 天乙	연년 延年	화해 禍害	육살 六殺
4 震 甲卯乙	오귀 五鬼	절명 絶命	생기 生氣	보필 輔弼	연년 延年	천을 天乙	육살 六殺	화해 禍害
5 巽 辰巽巳	화해 禍害	육살 六殺	천을 天乙	연년 延年	보필 輔弼	생기 生氣	절명 絶命	오귀 五鬼
6 坎 壬子癸	육살 六殺	화해 禍害	연년 延年	천을 天乙	생기 生氣	보필 輔弼	오귀 五鬼	절명 絶命
7 艮 丑艮寅	천을 天乙	연년 延年	화해 禍害	육살 六殺	절명 絶命	오귀 五鬼	보필 輔弼	생기 生氣
8 坤 未坤申	연년 延年	천을 天乙	육살 六殺	화해 禍害	오귀 五鬼	절명 絶命	생기 生氣	보필 輔弼

3. 회두극좌(머리를 두어서는 안 되는 방위)

중(中)	북서	서	북동	남	북	남서	동	남동
1864	1865	1866	1867	1868	1869	1870	1871	1872
1924	1925	1926	1927	1928	1929	1930	1931	1932
1984	1985	1986	1987	1988	1989	1990	1991	1992
1873	1874	1875	1876	1877	1878	1879	1880	1881
1933	1934	1935	1936	1937	1938	1939	1940	1941
1993	1994	1995	1996	1997	1998	1999	2000	2001
1882	1883	1884	1885	1886	1887	1888	1889	1890
1942	1943	1944	1945	1946	1947	1948	1949	1950
2002	2003	2004	2005	2006	2007	2008	2009	2010
1891	1892	1893	1894	1895	1896	1897	1898	1899
1951	1952	1953	1954	1955	1956	1957	1958	1959
2011	2012	2013	2014	2015	2016	2017	2018	2019
1900	1901	1902	1903	1904	1905	1906	1907	1908
1960	1961	1962	1963	1964	1965	1966	1967	1968
2020	2021	2022	2023	2024	2025	2026	2027	2028
1909	1910	1911	1912	1913	1914	1915	1916	1917
1969	1970	1971	1972	1973	1974	1975	1976	1977
2029	2030	2031	2032	2033	2034	2035	2036	2037
1918	1919	1920	1921	1922	1923			
1978	1979	1980	1981	1982	1983			
2038	2039	2040	2041	2042	2043			

4. 회두극좌 - 편리

1 乾	신축 (辛丑)	11 兌	신해 (辛亥)	21 艮	신유 (辛酉)	31 震	신미 (辛未)	41 巽	신사 (辛巳)	51 中	신묘 (辛卯)
2 兌	임인 (壬寅)	12 艮	임자 (壬子)	22 離	임술 (壬戌)	32 巽	임신 (壬申)	42 中	임오 (壬午)	52 乾	임진 (壬辰)
3 艮	계묘 (癸卯)	13 離	계축 (癸丑)	23 坎	계해 (癸亥)	33 中	계유 (癸酉)	43 乾	계미 (癸未)	53 兌	계사 (癸巳)
4 離	갑진 (甲辰)	14 坎	갑인 (甲寅)	24 中	갑자 (甲子)	34 乾	갑술 (甲戌)	44 兌	갑신 (甲申)	54 艮	갑오 (甲午)
5 坎	을사 (乙巳)	15 坤	을묘 (乙卯)	25 乾	을축 (乙丑)	35 兌	을해 (乙亥)	45 艮	을유 (乙酉)	55 離	을미 (乙未)
6 坤	병오 (丙午)	16 震	병진 (丙辰)	26 兌	병인 (丙寅)	36 艮	병자 (丙子)	46 離	병술 (丙戌)	56 坎	병신 (丙申)
7 震	정미 (丁未)	17 巽	정사 (丁巳)	27 艮	정묘 (丁卯)	37 離	정축 (丁丑)	47 坎	정해 (丁亥)	57 坤	정유 (丁酉)
8 巽	무신 (戊申)	18 中	무오 (戊午)	28 離	무진 (戊辰)	38 坎	무인 (戊寅)	48 坤	무자 (戊子)	58 震	무술 (戊戌)
9 中	기유 (己酉)	19 乾	기미 (己未)	29 坎	기사 (己巳)	39 坤	기묘 (己卯)	49 震	기축 (己丑)	59 巽	기해 (己亥)
10 乾	경술 (庚戌)	20 兌	경신 (庚申)	30 坤	경오 (庚午)	40 震	경진 (庚辰)	50 巽	경인 (庚寅)	60 中	경자 (庚子)

V. 관상에서 알아야 할 사항

1.유년도(나이별 관상 명칭)

1	천륜	21	보각	41	산근	61	승장	81	인(寅)
2	천륜	22	사공	42	정사	62	지고	82	묘(卯)
3	천성	23	변성	43	광전	63	지고	83	묘(卯)
4	천성	24	변성	44	연상	64	파지	84	진(辰)
5	천곽	25	중정	45	수상	65	아압	85	진(辰)
6	천곽	26	구릉	46	관골	66	금루	86	사(巳)
7	천곽	27	총묘	47	관골	67	금루	87	사(巳)
8	천륜	28	인당	48	준두	68	귀래	88	오(午)
9	천륜	29	산림	49	난대	69	귀래	89	오(午)
10	인륜	30	산림	50	정위	70	송당	90	미(未)
11	인륜	31	능운	51	인중	71	지각	91	미(未)
12	지륜	32	자기	52	선고	72	노복	92	신(申)
13	지륜	33	변하	53	선고	73	노복	93	신(申)
14	지륜	34	채하	54	식창	74	시골	94	유(酉)
15	화성	35	태양	55	녹창	75	시골	95	유(酉)
16	천중	36	태음	56	법령	76	자(子)	96	술(戌)
17	일각	37	중양	57	법령	77	자(子)	97	술(戌)
18	월각	38	중음	58	호이	78	축(丑)	98	해(亥)
19	천정	39	소양	59	호이	79	축(丑)	99	해(亥)
20	보각	40	소음	60	수성	80	인(寅)	100	백세

2. 유년도(한자)

1	天輪	21	輔角	41	山根	61	承漿	81	寅
2	天輪	22	司空	42	精舍	62	地庫	82	卯
3	天城	23	邊城	43	光殿	63	地庫	83	卯
4	天城	24	邊城	44	年上	64	波池	84	辰
5	天郭	25	中正	45	壽上	65	鵝鴨	85	辰
6	天郭	26	丘陵	46	觀骨	66	金縷	86	巳
7	天郭	27	塚墓	47	觀骨	67	金縷	87	巳
8	天輪	28	印堂	48	準頭	68	歸來	88	午
9	天輪	29	山林	49	蘭臺	69	歸來	89	午
10	人輪	30	山林	50	廷尉	70	頌堂	90	未
11	人輪	31	凌雲	51	人中	71	地閣	91	未
12	地輪	32	紫氣	52	仙庫	72	奴僕	92	申
13	地輪	33	繁霞	53	仙庫	73	奴僕	93	申
14	地輪	34	彩霞	54	食倉	74	腮骨	94	酉
15	火星	35	太陽	55	祿倉	75	腮骨	95	酉
16	天中	36	太陰	56	法令	76	子	96	戌
17	日角	37	中陽	57	法令	77	子	97	戌
18	月角	38	中陰	58	虎耳	78	丑	98	亥
19	天庭	39	少陽	59	虎耳	79	丑	99	亥
20	輔角	40	少陰	60	水星	80	寅	100	百歲

▶ **다음 용어는 같은 위치로 본다.**

20·21. 보골(輔骨) = 보각(輔角), 23·24. 변성(邊城) = 변지(邊地)

64. 피지(陂池) = 파지(波池)

3. 관상 12궁 명칭

1	복덕궁 (福德宮)	4	천이궁 (遷移宮)	7	전택궁 (田宅宮)	10	질액궁 (疾厄宮)
2	부모궁 (父母宮)	5	형제궁 (兄弟宮)	8	부부궁 (夫婦宮)	11	재백궁 (財帛宮)
3	관록궁 (官祿宮)	6	명궁 (命宮)	9	남녀궁 (男女宮)	12	노복궁 (奴僕宮)

VI. 그림 목록

0번 ~ 99번

0시 축제 (1 ~ 9)

1	기관사
2	기관차 몸통
3	기차 바퀴

4	꿈돌이 별
5	꿈돌이 얼굴
6	꿈돌이 몸통

7	한빛탑 꼭대기
8	한빛탑 전망대
9	합빛탑 출입구

십원빵 (10 ~ 19)

11	판매원
12	진열된 빵
13	반쪽 십원빵

14	손님 얼굴
15	손에든 돈
16	손님 신발

17	간판 윗부분
18	십원빵 그림
19	간판 받침대

이빨 (20 ~ 29)

21	칫솔꽂이
22	칫솔
23	면도기

24	여자 손
25	옷
26	비누

27	치약
28	컵
29	컵 받침

삼시세끼 (30 ~ 39)

31	강아지 머리
32	강아지 몸통
33	강아지 꼬리

34	모자
35	손
36	의자

37	솥뚜껑
38	장작불
39	장작

사자 (40 ~ 49)

41	사과 열매
42	사과 잎
43	사과나무 기둥

44	토끼
45	사다리 계단
46	사다리 하단

47	사자 머리
48	사자 몸통
49	사자 꼬리

오이 (50 ~ 59)

51	모자리본
52	옷
53	장화

54	오이
55	바구니
56	바구니 하단

57	나비
58	오이 잎
59	매달린 오이

육개장 (60 ~ 69)

61	육개장
62	커피
63	단무지

64	소년 머리
65	손에든 수저
66	소년 신발

67	의자 등받이
68	의자 좌석
69	의자 다리 받침

칠면조 요리 (70 ~ 79)

71	촛불
72	초 몸통
73	촛대

74	아줌마 머리
75	포크
76	칠면조 요리

77	시계
78	컵
79	와인

팔랑개비 (80 ~ 89)

81	팔랑개비
82	팔랑개비 기둥
83	팔랑개비 받침대

84	소녀 머리 묶음
85	치마
86	구두

87	공룡 풍선 눈
88	공룡 몸통
89	공룡 꼬리

구두샵 (90 ~ 99)

91	구두 상단
92	구두 중간
93	구두 하단

94	여자 얼굴
95	여자 가방
96	여자 신발

97	분홍 꽃
98	화분
99	화분 받침

10. 고추잠자리 (ㄱ ㅊ)

1	고춧잎
2	고추
3	고춧대

4	잠자리 머리
5	잠자리 날개
6	잠자리 꼬리

7	잠자리채
8	손잡이
9	소년

11. 고구마 (ㄱㄱ)

1	고구마
2	의자
3	장작

4	연통
5	고구마 통
6	고구마 통 받침

7	상인 모자
8	목도리
9	바지

12. 곤드레 밥 (ㄱㄴ)

1	병뚜껑
2	글자(참기름)
3	병 하단

4	그릇 테두리
5	곤드레밥
6	밥그릇

7	양념장
8	수저
9	젓가락

13. 고드름 (ㄱㄷ)

1	눈사람 모자
2	눈사람 코
3	눈사람 몸통(장갑)

4	양동이 손잡이
5	양동이 몸통
6	양동이 하단

7	고드름
8	떨어지는 물
9	녹아서 고인 물

14. 골프 (ㄱ ㄹ)

1	여자 머리
2	골프 손잡이
3	골프채머리

4	골프공
5	골프공 대
6	잔디

7	깃발
8	깃대
9	깃대 받침

15. 곰 (ㄱㅁ)

1	대나무 마디
2	대나무 잎
3	잡초

4	작은 분홍 꽃
5	활짝 핀 꽃
6	꽃대

7	곰 머리
8	곰 가슴
9	곰 발

16. 곱창 (ㄱㅂ)

1	연기
2	곱창
3	프라이팬

4	병 上
5	병 中
6	병 下

7	컵 입구
8	컵 물(선)
9	컵 하단(하트)

17. 고속터미널 (ㄱㅅ)

1	버스표
2	여자 상의
3	여자 신발

4	캐리어 손잡이
5	캐리어 중간
6	캐리어 바퀴

7	버스 지붕
8	버스 앞문
9	버스 바퀴

18. 공 (ㄱㅇ)

1	골대 윗부분
2	골대 구멍난 부분
3	골대 오른쪽 기둥

4	공 上
5	공 中
6	공 下

7	선수 머리
8	선수 가슴(공)
9	선수 뒷발

19. 곶감 (ㄱㅈ)

1	곶감 上
2	곶감 中
3	곶감 下

4	곶감
5	소쿠리
6	항아리

7	호랑이 머리
8	호랑이 손
9	벽돌

20. 노천탕 (ㄴㅊ)

1	대나무 잎
2	대나무 마디
3	잔디

4	조형물
5	수전대
6	받침대

7	남자
8	온천물
9	벽돌 울타리

21. 녹즙기 (ㄴㄱ)

1	야채
2	그릇 테두리
3	그릇

4	녹즙기 뚜껑
5	손잡이
6	녹즙기 몸통

7	컵 윗부분
8	녹즙
9	컵 하단

22. 논산훈련소 (ㄴㄴ)

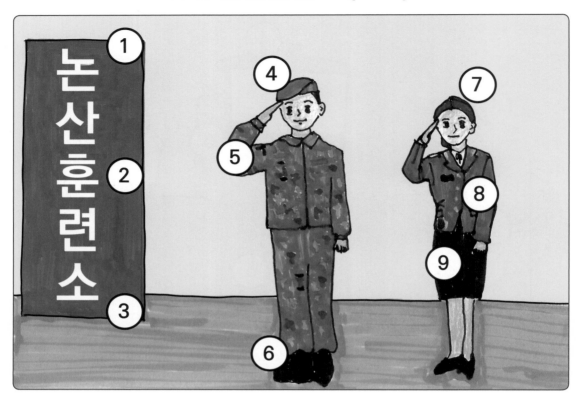

1	간판 上
2	간판 中
3	간판 下

4	남자 모자
5	남자 오른팔
6	군화

7	여자 머리
8	여자 상의
9	여자 치마

23. 노다지 (ㄴ ㄷ)

1	바위 上
2	바위 금
3	바위 下

4	상자에 담긴 금 大
5	상자에 담긴 금 小
6	금 상자

7	곡괭이 머리
8	멜빵
9	광부 다리

24. 노루 (ㄴ ㄹ)

1	잎
2	나무 중간 기둥
3	노란 꽃

4	노루귀
5	노루 등
6	노루 다리

7	활짝 핀 꽃
8	잎
9	바위

25. 노면 (ㄴㅁ)

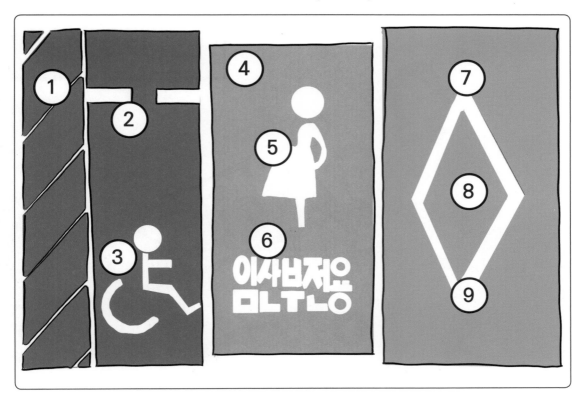

1	노면(왼쪽)
2	방지턱
3	장애인 표시

4	임산부 노면
5	임산부
6	임산부전용 글자

7	다이아 上
8	다이아 中
9	다이아 下

26. 노블랜드 (ㄴㅂ)

1	손님 머리
2	손님 가방
3	손님 구두

4	카트 손잡이
5	카트 중간
6	카트 바퀴

7	바나나
8	사과
9	생선

27. 노새 (ㄴ ㅅ)

1	노새 머리
2	안장
3	노새 발

4	수레 끈
5	수레
6	수레바퀴

7	화분1
8	화분2
9	화분3

28. 농구 (ㄴㅇ)

1	농구대
2	농구 그물망 입구
3	농구 그물망

4	공 上
5	공 中
6	공 下

7	선수 손
8	선수상의
9	농구화

29. 노지귤 (ㄴㅈ)

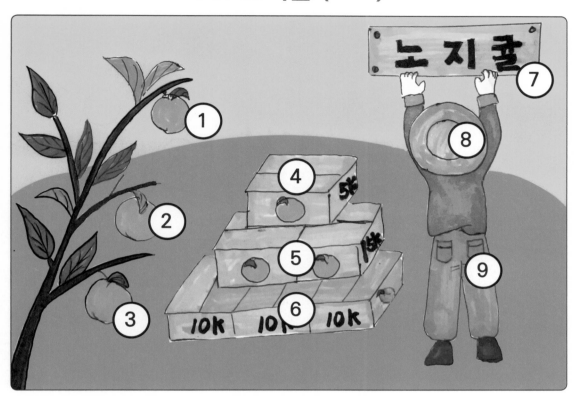

1	귤上
2	귤中
3	귤下

4	상자 上
5	상자 中
6	상자 下

7	노지귤 간판
8	상인 모자
9	상인 바지

30. 돛단배 (ㄷ ㅊ)

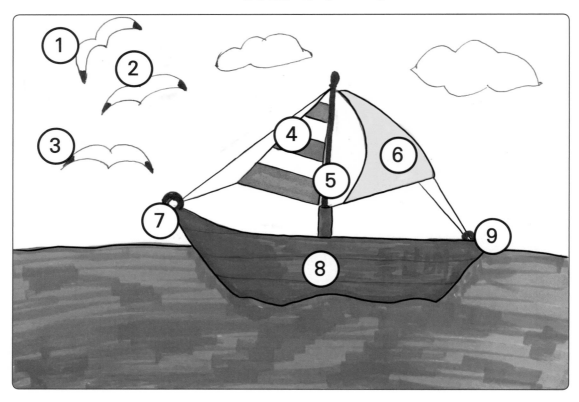

1	갈매기 上
2	갈매기 中
3	갈매기 下

4	빨강 돛
5	가운데 돛대 기둥
6	노랑 돛

7	뱃머리 고리
8	배 본체
9	배꼬리 고리

31. 독서실 (ㄷㄱ)

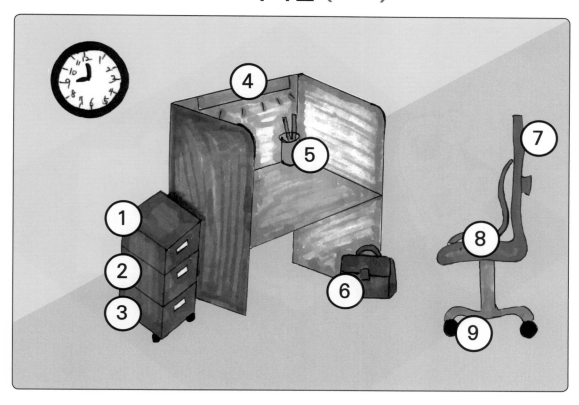

1	서랍 上
2	서랍 中
3	서랍 下

4	책상 형광등
5	필통
6	가방

7	의자 등받이
8	의자 좌석
9	의자 바퀴

32. 돈가스 (ㄷㄴ)

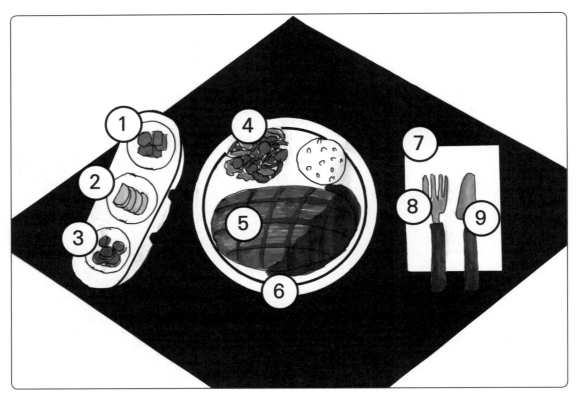

1	김치
2	단무지
3	피클

4	야채
5	돈가스
6	접시

7	냅킨
8	포크
9	나이프

33. 돋보기 (ㄷ ㄷ)

1	강아지풀
2	여치
3	강아지풀 줄기

4	돋보기 테두리
5	돋보기 유리
6	돋보기 손잡이

7	소년 머리
8	소년 옷
9	소년 신발

34. 돌다리 (ㄷㄹ)

1	돌다리 위
2	돌기둥
3	돌 받침

4	우산
5	우산 손잡이
6	여자 구두

7	꽃 上
8	꽃 中
9	꽃 下

35. 돔 (ㄷㅁ)

1	모자
2	의자 등받이
3	의자 받침

4	낚시 손잡이
5	낚싯대
6	낚싯줄

7	돔 입
8	돔 줄무늬
9	돔 꼬리

36. 도배 (ㄷㅂ)

1	여자 모자
2	멜빵
3	도배 가방

4	도배지 1
5	도배지 2
6	도배지 3

7	도배사 두건
8	도배 솔
9	도배사 신발

37. 돗자리 (ㄷㅅ)

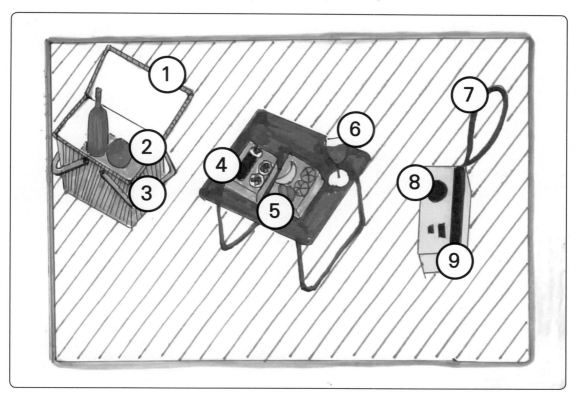

1	바구니 뚜껑
2	식품
3	손잡이

4	김밥
5	과일
6	와인

7	카메라 끈
8	카메라 렌즈
9	카메라

38. 동물농장 (ㄷㅇ)

1	오리 부리
2	오리 몸통
3	오리발

4	토끼 귀
5	토끼 몸통
6	토끼 꼬리

7	닭
8	횃대
9	타이어

39. 도자기전 (ㄷㅈ)

1	접시 上
2	접시 그림
3	접시 받침

4	도자기 입구
5	도자기 그림
6	도자기 받침

7	그릇 테두리
8	그릇 그림
9	그릇받침

40. 리치(크라운) (ㄹㅊ)

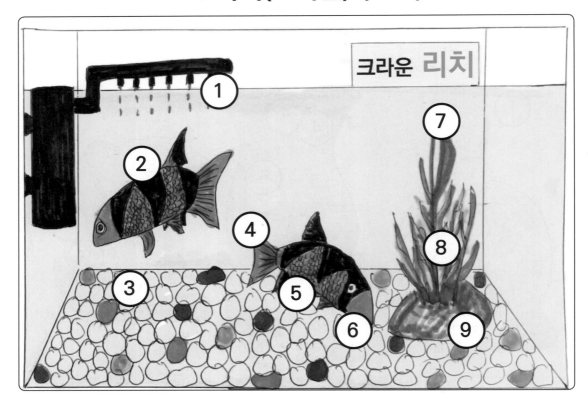

1	물 나오는 곳
2	리치 1
3	바닥돌

4	리치 2 꼬리
5	리치 2 몸통
6	리치 2 입

7	수초 上
8	수초 中
9	수초 바위

41. 럭비 (ㄹㄱ)

1	소년 머리
2	소년 상의
3	소년 바지

4	럭비공 上
5	럭비공 中
6	럭비공 下

7	소년 머리끈
8	소년 엉덩이
9	소년 신발

42. 런닝머신 (ㄹㄴ)

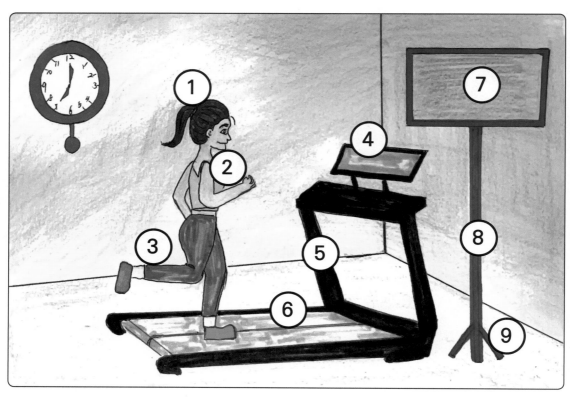

1	여자 머리끈
2	여자 상의
3	여자 뒷다리

4	모니터
5	런닝머신 기둥
6	런닝머신 발판

7	TV 모니터
8	TV 기둥
9	TV 받침

43. 로드자전거 (ㄹㄷ)

1	자전거 깃발
2	깃발 끈
3	깃대

4	자전거 헬멧
5	배낭
6	페달

7	핸들
8	세로 기둥
9	바퀴

44. 롤러스케이트 (ㄹㄹ)

1	헬멧 上
2	헬멧 구멍
3	헬멧 버클(끈)

4	소년 머리
5	소년 손
6	소년 바지

7	롤러스케이트 입구
8	롤러스케이트 끈
9	롤러스케이트 바퀴

45. 로마 (ㄹㅁ)

1	콜로세움 上
2	콜로세움 中
3	콜로세움 下

4	병사 모자
5	병사 옷
6	병사 신발

7	칼끝
8	칼날
9	칼자루

46. 로봇청소기 (ㄹ ㅂ)

1	케이스 上
2	케이스 中
3	케이스 下

4	청소기 버튼
5	청소기 상판
6	청소기 몸통

7	걸레 상판
8	걸레 몸통
9	걸레 下

47. 로스구이 (ㄹㅅ)

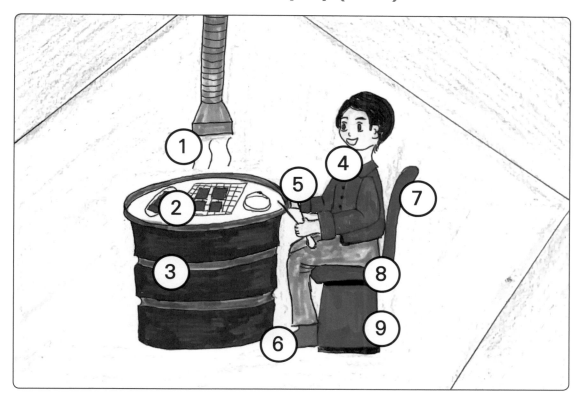

1	연기
2	고기
3	통

4	굽는 사람
5	고기 집게
6	발

7	의자 등받이
8	의자 좌석
9	의자 받침

48. 롱다리 (ㄹㅇ)

1	풍선 1
2	풍선 2
3	풍선 3

4	고깔모자
5	상의
6	롱다리

7	물개 모자
8	물개
9	받침대

49. 로즈마리 (ㄹㅈ)

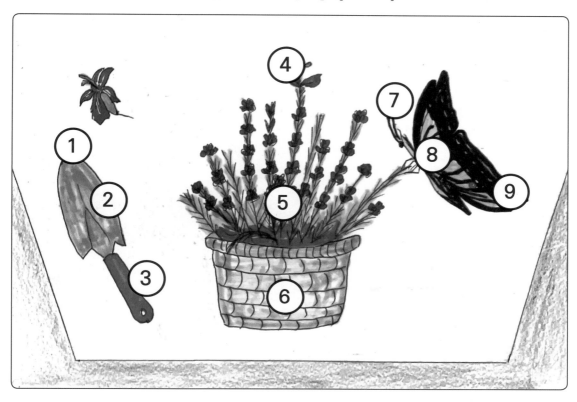

1	삽 끝
2	삽 중간
3	삽 손잡이

4	꽃
5	초록 잎
6	화분

7	나비 머리
8	나비 몸통
9	나비 날개

50. 모차르트 (ㅁㅊ)

1	머리
2	블라우스
3	신발

4	지휘봉
5	의자
6	의자 다리

7	악보
8	건반
9	피아노 다리

51. 목도리 (ㅁㄱ)

1	목도리 1
2	목도리 2
3	목도리 3

4	여자 모자
5	여자 목도리
6	치마

7	남자 목도리
8	가방
9	신발

52. 모니터 (ㅁㄴ)

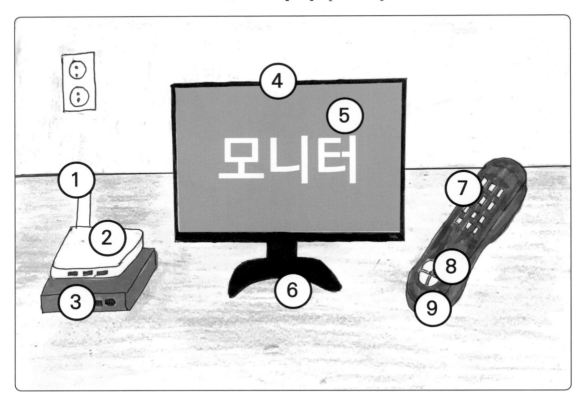

1	신호 안테나
2	신호기
3	본체

4	모니터 둘레
5	브라운관
6	모니터 받침대

7	리모컨 번호
8	리모컨 버튼
9	리모컨 본체

53. 모던하우스 (ㅁㄷ)

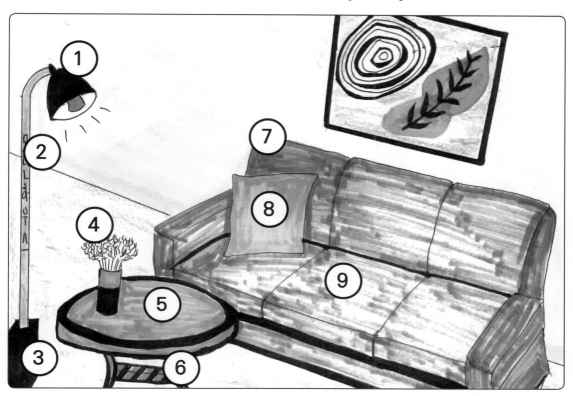

1	스탠드 조명등
2	스텐드 기둥
3	스탠드 받침

4	꽃
5	원탁
6	원탁 받침

7	소파 등받이
8	쿠션
9	소파

54. 모래시계 (ㅁ ㄹ)

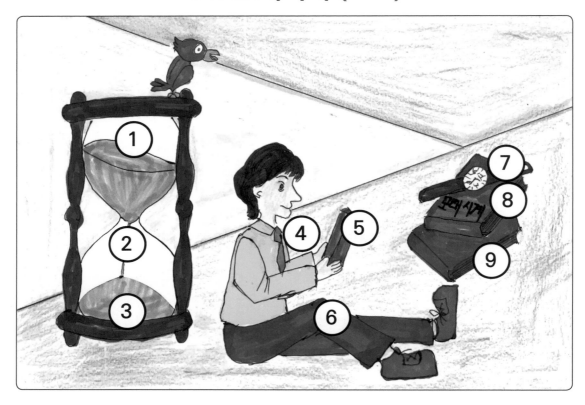

1	모래 上
2	모래 中
3	모래 下

4	넥타이
5	책
6	무릎

7	손목시계
8	책 1
9	책 2

55. 몸배바지 (ㅁㅁ)

1	바지 옷걸이
2	바지허리
3	바지

4	모자
5	단추
6	신발

7	바지 옷걸이
8	바지 꽃무늬
9	바지 끝단

56. 모범택시 (ㅁㅂ)

1	정거장 간판
2	기둥
3	받침대

4	택시 표시등
5	택시 문
6	택시 바퀴

7	택시기사 모자
8	호루라기
9	바지

57. 못 박기 (ㅁㅅ)

1	못
2	나무판
3	나무 기둥

4	어린이
5	엄마
6	가방

7	망치 걸이대
8	망치 손잡이
9	망치머리

58. 몽구스 (ㅁㅇ)

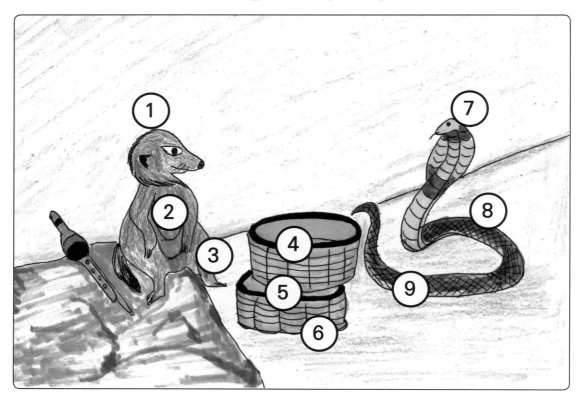

1	몽구스 머리
2	몽구스 가슴
3	몽구스 다리

4	바구니 上
5	바구니 中
6	바구니 下

7	코브라 머리
8	코브라 몸통
9	코브라 꼬리

59. 모자걸이 (ㅁㅈ)

1	모자 1
2	모자 2
3	모자 3

4	걸이대 上
5	걸이대 中
6	걸이대 下

7	여자 모자
8	여자 상의
9	여자 치마

60. 보청기 (ㅂㅊ)

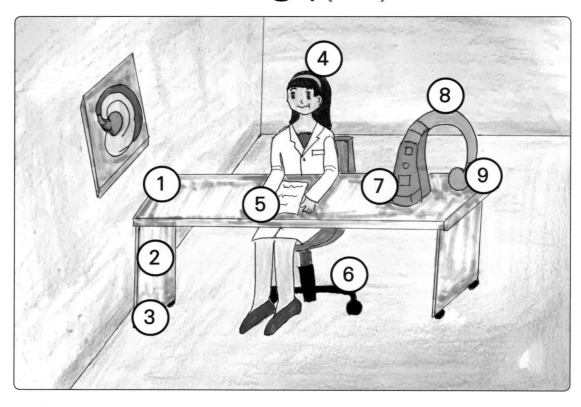

1	책상 위
2	책상 기둥
3	책상 바퀴

4	의사 머리띠
5	진료 책
6	의자 받침

7	보청기 上
8	보청기 中
9	보청기 下

61. 복싱 (ㅂㄱ)

1	링 기둥 上
2	링 기둥 中
3	링 기둥 下

4	빨강 모자
5	빨강 주먹
6	빨강 바지

7	파랑 모자
8	파랑 상의
9	선수 신발

62. 본드 (ㅂㄴ)

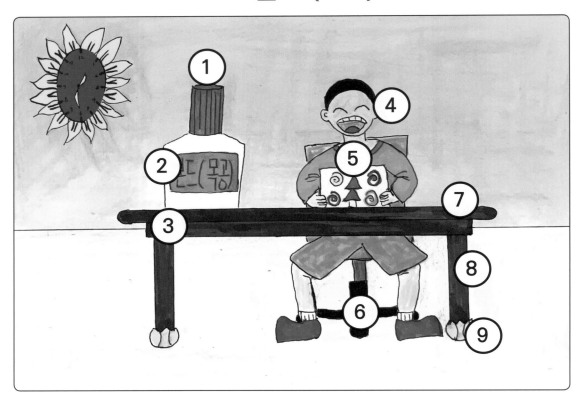

1	본드 上
2	본드 中
3	본드 下

4	남자 입
5	그림 종이
6	의자 받침

7	책상 위
8	책상 기둥
9	공으로 된 책상 받침

63. 보드게임 (ㅂㄷ)

1	남자 상의 카라
2	남자 손
3	남자 무릎

4	주사위
5	보드판
6	보드판 받침

7	여자 안경
8	여자 상의 카라
9	여자 발바닥

64. 볼링 (ㅂㄹ)

1	볼링핀 上
2	볼링핀 中
3	볼링핀 下

4	볼링공 테두리
5	볼링공 손잡이
6	볼링공 하단

7	여자 머리끝
8	여자 손
9	여자 뒷발

65. 보물섬 (ㅂㅁ)

1	돛 깃발
2	돛
3	배몸통

4	어린이 머리
5	어린이 조끼
6	어린이 신발

7	외발이 모자
8	팔
9	지팡이

66. 보부상 (ㅂㅂ)

1	지팡이 上
2	지팡이 中
3	지팡이 下

4	보부상 모자
5	보부상 수염
6	보부상 상의

7	봇짐
8	지게 가지
9	지게 목발

67. 보스턴백 (ㅂㅅ)

1	야자수 잎
2	야자수 나무
3	야자 수풀

4	여자 썬글라스
5	보스턴백
6	치마

7	작은 나무 上
8	작은 나무 中
9	작은 나무 下

68. 보온도시락 (ㅂㅇ)

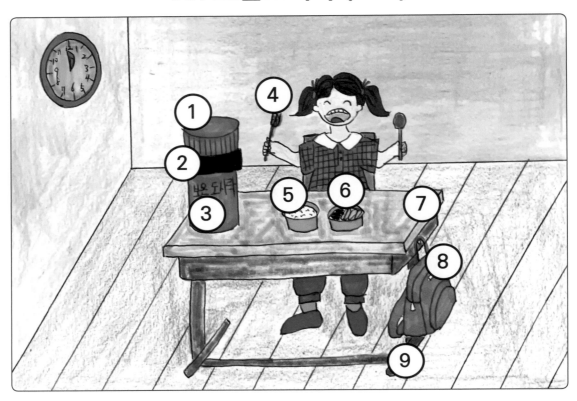

1	도시락 上
2	도시락 中
3	도시락 下

4	포크
5	밥
6	반찬

7	책상 위
8	가방
9	책상 받침대

69. 보자기 (ㅂㅈ)

1	산삼 꽃
2	산삼 잎
3	산삼 뿌리

4	보자기 꽃(매듭)
5	보자기 위
6	보자기 몸통

7	할머니 머리
8	옷고름
9	치마

70. 소총 (ㅅ ㅊ)

1	모자
2	총
3	신발

4	개꼬리
5	등
6	머리

7	왼쪽날개
8	오른쪽날개
9	새머리

71. 소금 (ㅅㄱ)

1	소금통 上
2	소금통 中
3	소금통 下

4	아저씨 모자
5	삽 손잡이
6	삽

7	소금자루 上
8	소금자루 中
9	소금자루 下

72. 손 없는 날 (ㅅㄴ)

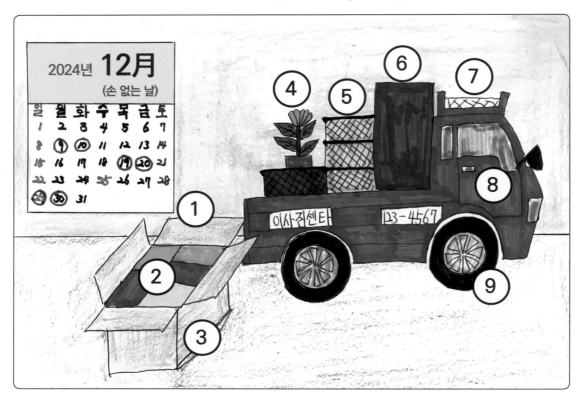

1	박스 뚜껑
2	책
3	박스

4	짐(화분)
5	짐(바구니)
6	장롱

7	화물차 지붕
8	화물차 문
9	화물차 바퀴

73. 솥뚜껑 (ㅅㅌ·ㄸ)

1	밥
2	솥
3	장작

4	솥뚜껑 손잡이
5	솥뚜껑
6	솥뚜껑 테두리

7	새댁 두건
8	새댁 팔
9	새댁 양말

74. 솔방울 (ㅅㄹ)

1	솔 잎
2	소나무 가지
3	소나무 기둥

4	맥문동 1
5	맥문동 2
6	맥문동 3

7	솔방울 위
8	솔방울 몸통
9	솔방울 조각

75. 솜사탕 (ㅅㅁ)

1	지붕
2	점원
3	바퀴

4	솜사탕 귀
5	솜사탕 얼굴
6	솜사탕 막대

7	아이 머리끈
8	아이 가방
9	아이 신발

76. 소방관 (ㅅㅂ)

1	불 上
2	불 中
3	불 下

4	소방관 모자
5	물
6	소방관 바지

7	소화전 上
8	소화전 中
9	소화전 下

77. 소시지 (ㅅㅅ)

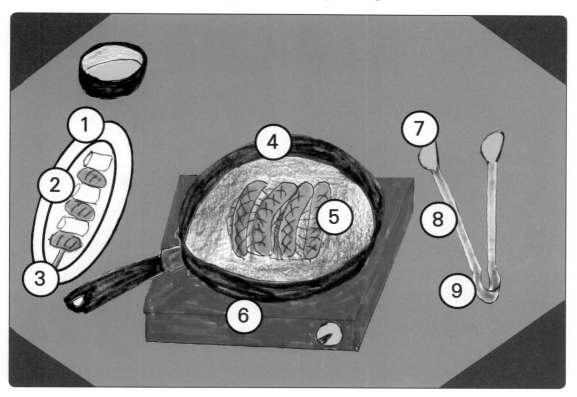

1	접시
2	떡 소시지
3	떡 꽂이 막대

4	프라이팬
5	소시지
6	가스버너

7	집게
8	집게 몸통
9	집게 손잡이

78. 송아지 (ㅅ ㅇ)

1	여물통
2	여물
3	여물통 받침

4	송아지 머리
5	송아지 옷
6	송아지 꼬리

7	아저씨 모자
8	아저씨 허리
9	아저씨 장화

79. 소주 (ㅅㅈ)

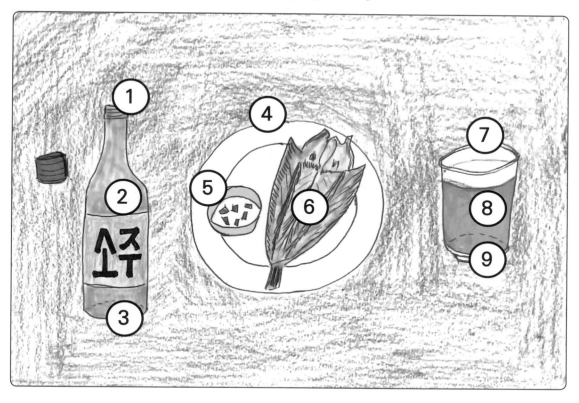

1	소주병 上
2	소주병 中
3	소주병 下

4	접시
5	소스
6	명태포

7	컵 입구
8	소주 액체
9	컵 하단

80. 우체통 (ㅇㅊ)

1	우체통 입구
2	우체통 몸통
3	우체통 받침

4	편지
5	소녀 머리끈
6	소녀 옷

7	킥보드 손잡이
8	킥보드 발판
9	킥보드 바퀴

81. 옥수수 (ㅇㄱ)

1	옥수수 열매
2	옥수수 잎
3	옥수수 뿌리

4	옥수수
5	상의
6	양반다리

7	찐 옥수수
8	바구니 몸통
9	바구니 하단

82. 온풍기 (ㅇㄴ)

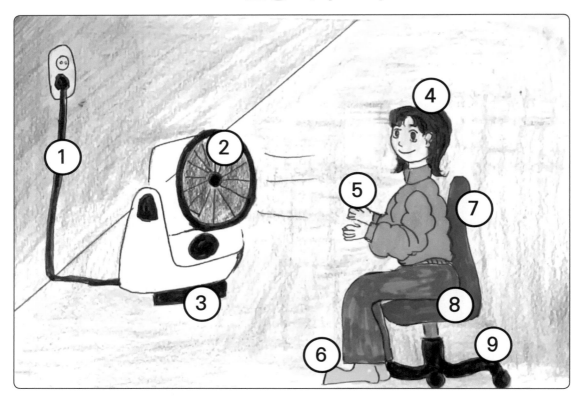

1	온풍기 전기선
2	온풍기 날개
3	온풍기 받침

4	여자 머리
5	여자 손
6	여자 발

7	의자 등받이
8	의자 좌석
9	의자 바퀴

83. 오뎅탕 (ㅇㄷ)

1	오뎅 꽂이
2	오뎅
3	종이컵

4	오뎅탕
5	냄비 손잡이
6	냄비

7	새우
8	국수
9	그릇

84. 오렌지 (ㅇ ㄹ)

1	오렌지 열매
2	오렌지나무
3	오렌지 뿌리

4	아저씨 상의
5	아저씨 바지
6	사다리

7	상자테두리
8	오렌지
9	상자

85. 오미자 (ㅇㅁ)

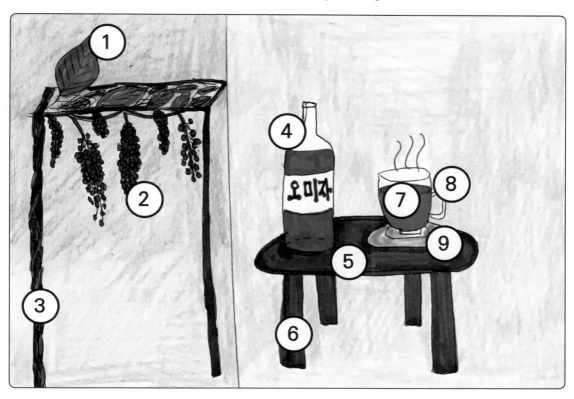

1	오미자 잎
2	오미자 열매
3	오미자나무

4	오미자청
5	상
6	상다리

7	오미자 음료
8	컵 손잡이
9	컵 받침

86. 우비 (ㅇㅂ)

1	구름 上
2	무지개
3	구름 下

4	우비 모자
5	우비 단추
6	장화

7	우산 꼭지
8	우산
9	우산 손잡이

87. 옷장 (ㅇㅅ)

1	옷장 上
2	옷장 中
3	옷장 下

4	바구니 손잡이
5	빨래 옷
6	바구니

7	옷 1
8	옷 2
9	옷 3

88. 오아시스 (○○)

1	선인장 가시
2	선인장 줄기
3	선인장 몸통

4	나뭇잎
5	나무 몸통
6	나무뿌리

7	오아시스 上
8	오아시스 中
9	오아시스 下

89. 오징어 (ㅇㅈ)

1	수초 1
2	수초 2
3	수초 3

4	오징어 머리
5	오징어 눈
6	오징어 다리

7	해마 얼굴
8	해마 몸통
9	해마 꼬리

90. 조청 (ㅈ ㅊ)

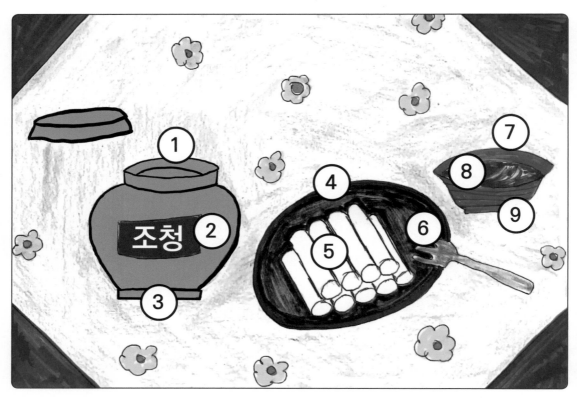

1	조청 단지 입구
2	조청 단지 몸통
3	조청 단지 하단

4	접시
5	떡
6	포크

7	그릇 테두리
8	조청
9	조청 그릇

91. 족발 (ㅈㄱ)

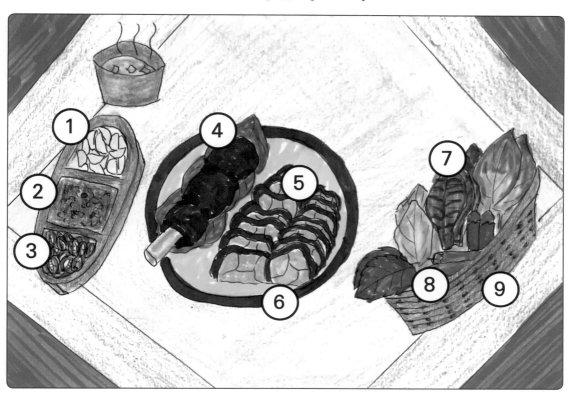

1	마늘
2	초장
3	썰어놓은 고추

4	족발
5	썰어놓은 족발
6	족발 그릇

7	야채
8	바구니 테두리
9	바구니

92. 존경 (ㅈㄴ)

1	선생님 머리
2	선생님 상의
3	선생님 손

4	지팡이 上
5	지팡이 中
6	지팡이 下

7	제자 머리
8	제자 등
9	바지

93. 주당클럽 (ㅈㄷ)

1	주취자 모자
2	주취자 손
3	주취자 발

4	맥주
5	막걸리
6	소주

7	모자 틀어진 곳
8	주취자 손목
9	뻗은 다리

94. 졸업 (ㅈㄹ)

1	포장지
2	꽃다발 꽃
3	꽃다발 리본

4	박사모(졸업모자)
5	졸업장
6	졸업가운(박사가운)

7	여자 머리
8	여자 꽃다발
9	여자 구두

95. 조명 (ㅈㅁ)

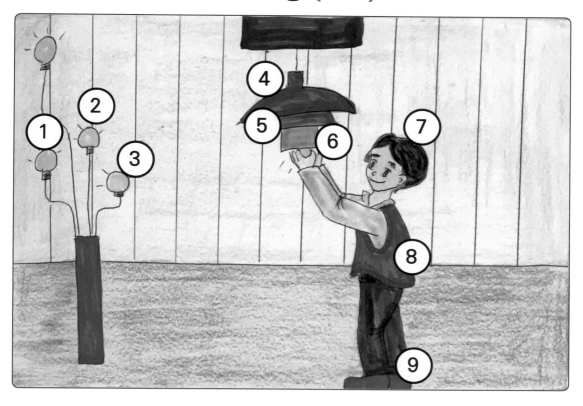

1	전구 1
2	전구 2
3	전구 3

4	조명 머리
5	조명 중간
6	조명 전구

7	남자 머리
8	조끼
9	신발

96. 좁쌀영감 (ㅈㅂ)

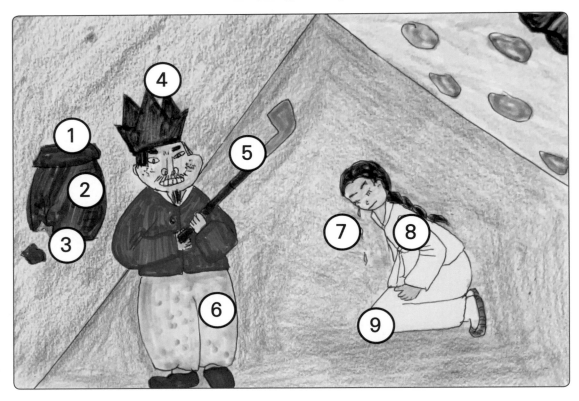

1	항아리 뚜껑
2	항아리 몸통
3	항아리 깨진 곳

4	영감 모자
5	담배 곰방대
6	영감 바지

7	하인 눈물
8	하인 옷고름
9	하인 무릎

97. 조산원 (ㅈㅅ)

1	문 테두리
2	문 손잡이
3	문 하단

4	임산부 머리
5	임신부 몸
6	임산부 신발

7	남편 목
8	남편 가방
9	신발

98. 종이비행기 (ㅈㅇ)

1	비행기 上
2	비행기 中
3	비행기 下

4	소년 모자
5	소년 손
6	소년 바지

7	강아지 혀
8	강아지 몸통
9	강아지 꼬리

99. 조종경기 (ㅈㅈ)

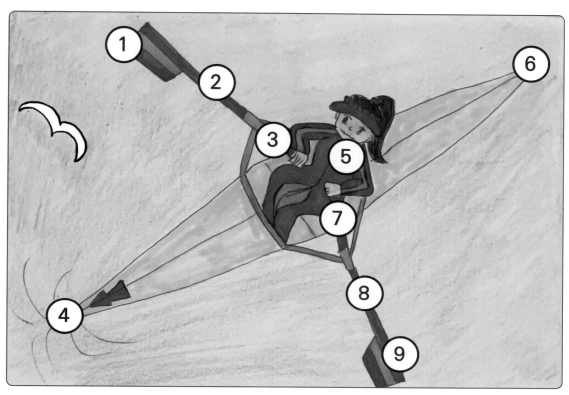

1	위쪽 노 끝부분
2	위쪽 노 중간
3	위쪽 노 손잡이

4	배 머리
5	조종하는 여자
6	배 끝

7	아래쪽 노 손잡이
8	아래쪽 노 중간
9	아래쪽 노 끝부분

VII. 사각도

기본 4각도

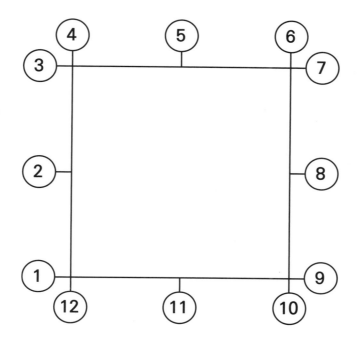

4방위

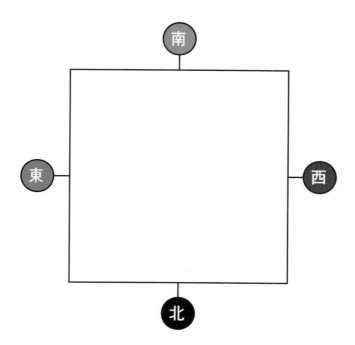

8방위

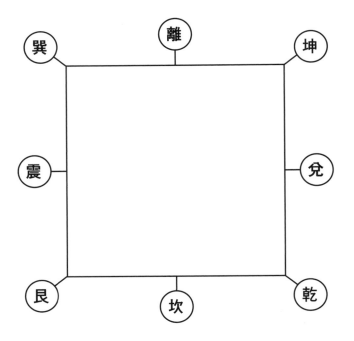

12방위(기본 12지지)

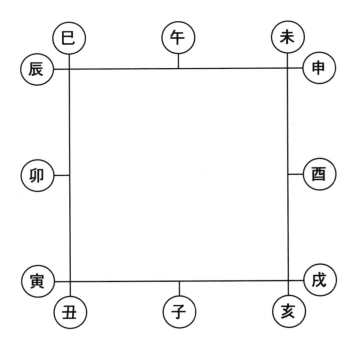

16방위(12지지 + 4측간방위)

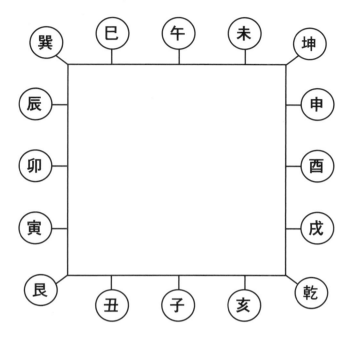

24방위(12지지 + 8천간 + 4측간방위)

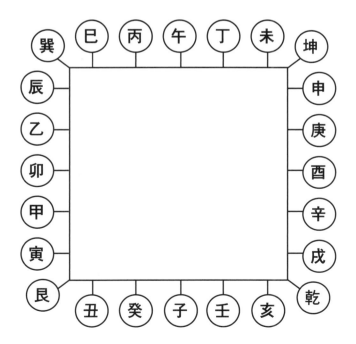

12운성(양간)

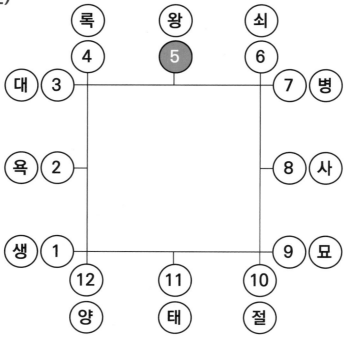

12운성(음간)

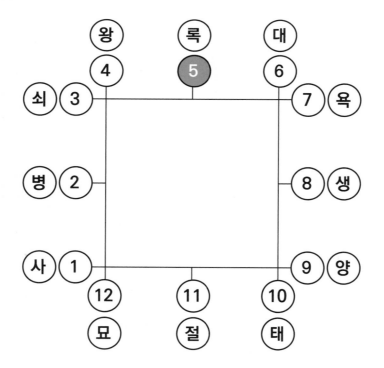

12신살

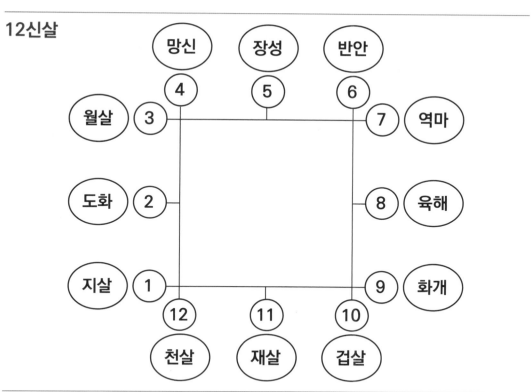

24절기(시계방향)

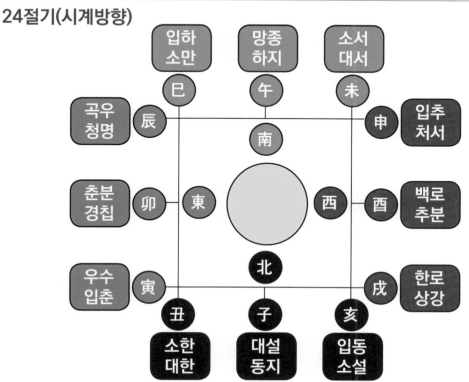

봄 4각도(해묘미) – 봄이 자기계절인 경우

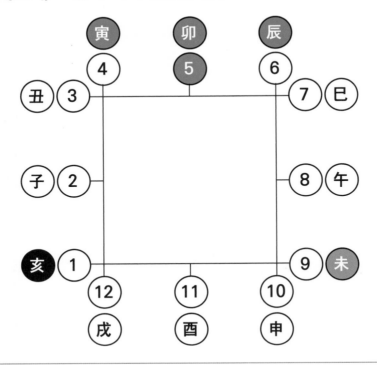

여름 4각도(인오술) – 여름이 자기계절인 경우

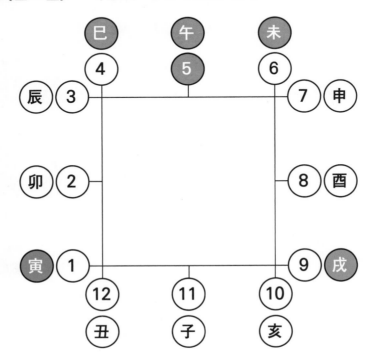

가을 4각도(사유축) – 가을이 자기계절인 경우

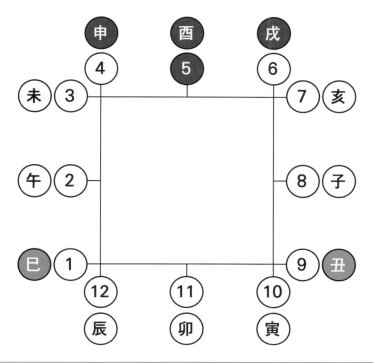

겨울 4각도(신자진) – 겨울이 자기계절인 경우

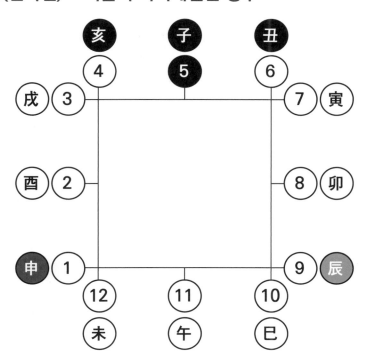

亥(해)卯(묘)未(미)띠 – ⑦巳(사) ⑧午(오) ⑨未(미) 삼재

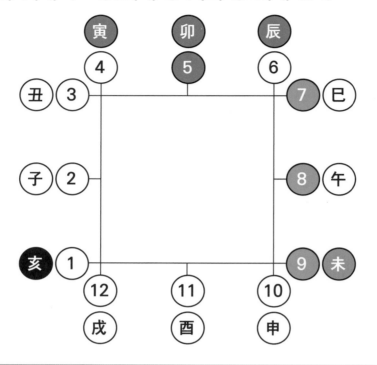

寅(인)午(오)戌(술)띠 – ⑦申(신) ⑧酉(유) ⑨戌(술) 삼재

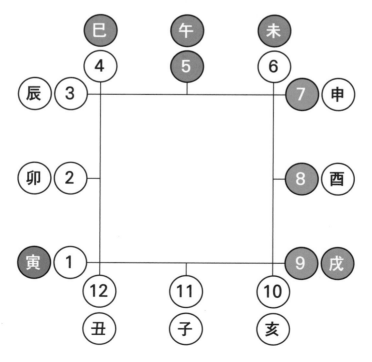

巳(사)酉(유)丑(축)띠 - ⑦亥(해) ⑧子(자) ⑨丑(축) 삼재

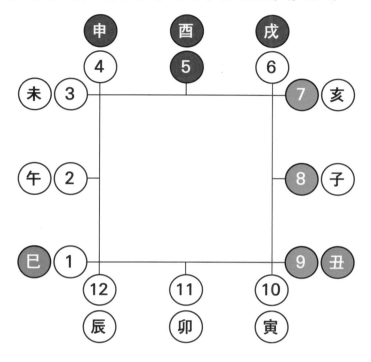

申(신)子(자)辰(진)띠 - ⑦寅(인) ⑧卯(묘) ⑨辰(진) 삼재

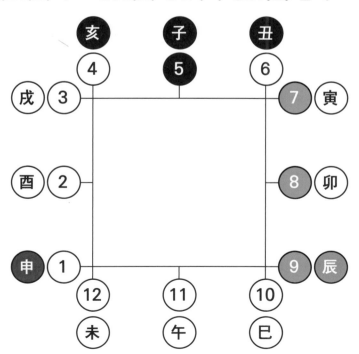

금여성(금여록) – 천간 甲, 乙이 자기계절인 경우(양간 : 지지6, 음간 : 지지7)

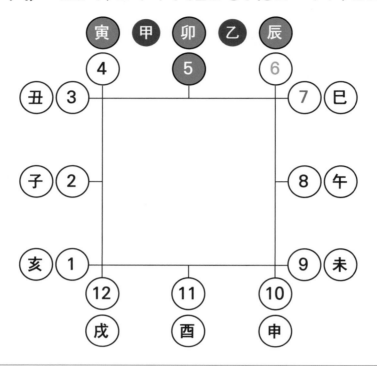

금여성(금여록) – 천간 丙, 丁이 자기계절인 경우(양간 : 지지6, 음간 : 지지7)

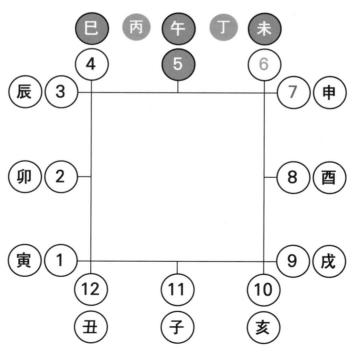

금여성(금여록) – 천간 庚, 辛이 자기계절인 경우(양간 : 지지6, 음간 : 지지7)

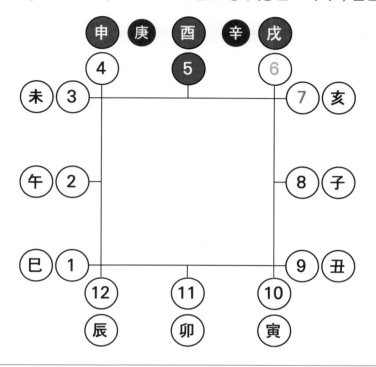

금여성(금여록) – 천간 壬, 癸이 자기계절인 경우(양간 : 지지6, 음간 : 지지7)

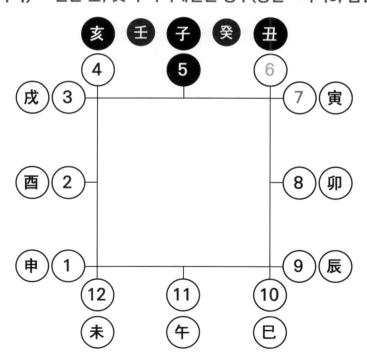

문창성 - 천간 甲, 乙이 자기계절인 경우(양간 : 지지7, 음간 : 지지8)

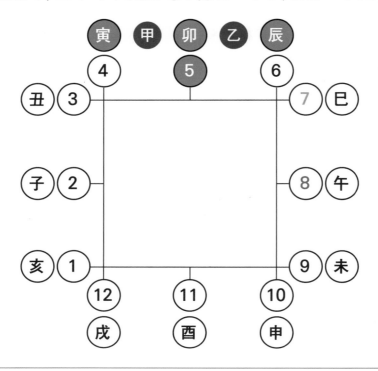

문창성 - 천간 丙, 丁이 자기계절인 경우(양간 : 지지7, 음간 : 지지8)

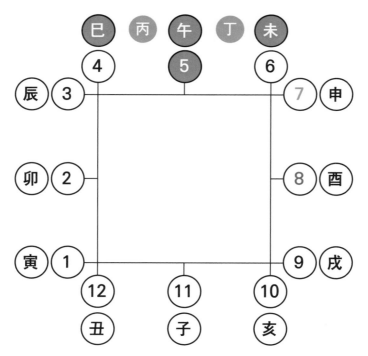

문창성 – 천간 庚, 辛이 자기계절인 경우(양간 : 지지7, 음간 : 지지8)

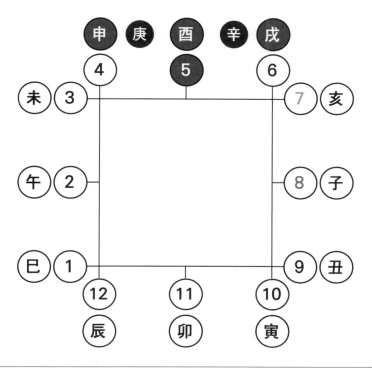

문창성 – 천간 壬, 癸이 자기계절인 경우(양간 : 지지7, 음간 : 지지8)

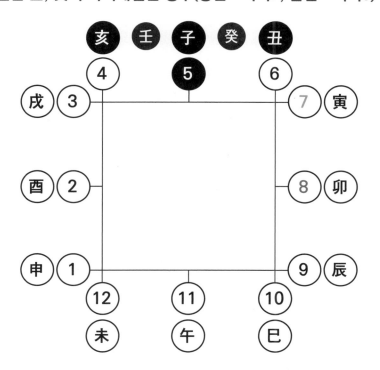

9궁도(數) 배치

4	9	2
3	5	7
8	1	6

오행의 기운

화(火) 2, 7 남쪽, 여름, 활동, 낮, 청년기, 꽃, 적색, 확장기운, 禮(예), 쓴맛, 주작, 숭례문

목(木) 3, 8 동쪽, 봄, 시작 아침, 소년기 싹, 청색 올라가는기운 인(仁), 신맛 청룡 흥인지문

토(土) 5, 10 환절기, 중년기 중간기운(윤활제) 단맛, 황색, 신(信), 보신각

南
東
西
北

금(金) 4, 9 서쪽, 가을, 결실 저녁, 장년기 열매, 백색 딱딱한기운 의(義), 매운맛 백호 돈의문

수(水) 1, 6 북쪽, 겨울, 밤, 노년기, 씨앗, 검정, 뭉친 기운, 지(智), 짠맛, 현무, 홍지문